BEI GRIN MACHT SICH IHR
WISSEN BEZAHLT

- Wir veröffentlichen Ihre Hausarbeit,
  Bachelor- und Masterarbeit

- Ihr eigenes eBook und Buch -
  weltweit in allen wichtigen Shops

- Verdienen Sie an jedem Verkauf

Jetzt bei www.GRIN.com hochladen
und kostenlos publizieren

Bibliografische Information der Deutschen Nationalbibliothek:

Die Deutsche Bibliothek verzeichnet diese Publikation in der Deutschen National-bibliografie; detaillierte bibliografische Daten sind im Internet über http://dnb.d-nb.de/ abrufbar.

Impressum:

Copyright © 2018 GRIN Verlag
Druck und Bindung: Books on Demand GmbH, Norderstedt Germany
ISBN: 9783668928435

Dieses Buch bei GRIN:

https://www.grin.com/document/457543

Yannick Bräuninger

Erstellung eines Ausdauertrainingsplans

GRIN Verlag

GRIN - Your knowledge has value

Der GRIN Verlag publiziert seit 1998 wissenschaftliche Arbeiten von Studenten, Hochschullehrern und anderen Akademikern als eBook und gedrucktes Buch. Die Verlagswebsite www.grin.com ist die ideale Plattform zur Veröffentlichung von Hausarbeiten, Abschlussarbeiten, wissenschaftlichen Aufsätzen, Dissertationen und Fachbüchern.

Besuchen Sie uns im Internet:

http://www.grin.com/

http://www.facebook.com/grincom

http://www.twitter.com/grin_com

Deutsche Hochschule für

Prävention und Gesundheitsmanagement

Einsendeaufgabe

Fachmodul:	Trainingslehre 2
Studiengang:	Fitnessökonomie
Datum Präsenzphase	**10.12.-12.12.2018**
Name, Vorname:	Bräuninger, Yannick
Studienort:	**Hamburg**
Semester:	**WS 2017**

Inhaltsverzeichnis

1 Diagnose

Um das Ausdauertraining optimal auf die zu trainierende Person anzupassen, werden in einem Eingangsgespräch alle Daten zusammengetragen die den Ist-Zustand der Person beschreiben. Hierbei werden sowohl der Gesundheitsstatus als auch Trainingszustand und Trainingsmotive herausgefiltert. Ziel ist es, einen durch eine strukturierte Trainingsplanung einen Soll-Zustand anzuvisieren. Zusammengetragen werden allgemeine und biometrische Daten.

1.1 Allgemeine und biometrische Daten

Tabelle 1: Allgemeine und biometrische Daten (Eigene Darstellung, 2018)

Alter	30
Geschlecht	Männlich
Körpergröße	185 cm
Körpergewicht	90 kg
Trainingsmotive	Sportlicheres Aussehen, bessere Kondition, Blutdrucksenkung
Berufliche Tätigkeit	Bankangestellter, 8 Stunden, 5 Tage in der Woche
Aktuelle und frühere sportliche Aktivitäten	Bis zum 27. Lebensjahr aktiver Fußballer, inzwischen nur noch ein bis zwei mal die Woche laufen für eine Stunde
Zeitlicher Verfügungsrahmen	Ein Training wäre jeden Tag in der Woche möglich, jedoch nur abends

In dem Eingangsgespräch wurde zusätzlich mit Hilfe eines elektrischen Messgerätes der Blutdruck und Ruhepuls am linken Oberarm gemessen. Der optimale Blutdruck sollte bei unter 120 mmHg in der systolischen Phase und unter 80 mmHg in der diastolischen Phase liegen. Bei der Person wurde der systolische Druck von 124 mmHg und der diastolische Druck von 75 mmHg ermittelt und liegt somit in einem normalen Bereich. Der Ruhepuls wurde von dem Probanden fünf Tage hintereinander unmittelbar nach dem Aufstehen in Ruhe gemessen, um möglichen externen und internen Einflüssen in dem Studio zu entgehen. Aus diesen fünf Messungen wurde der Mittelwert von 64 Schlägen pro Minute erfasst. Dieser Wert liegt nach Weineck in dem Wertebereich des Durschnittsbürgers, der bei 60 bis 80 Schlägen pro Minute liegt (2003, S.50).

Tabelle 2: Blutdruckklassifikation der American Heart Association (modifiziert nach Mancia et al., 2013, S. 1286).

Bewertungsstufen	Systolischer Druck	Diastolischer Druck
Normalblutdruck (Normotonie)		
Optimal	Unter 120 mmHg	Unter 80 mmHg
Normal	Unter 130 mmHg	Unter 85 mmHg
Hochnormal	130-139 mmHg	85-89 mmHg
Bluthochdruck (arterielle Hypertonie)		
Stufe 1	140-159 mmHg	90-99 mmHg
Stufe 2	160-179 mmHg	100-109 mmHg
Stufe 3	>180 mmHg	>110 mmHg

Tabelle 3: Allgemeiner Gesundheitszustand des Probanden (Eigene Darstellung, 2018)

Orthopädische und internistische Probleme	Der Proband hat vor dem Eingangsgespräch einen Belastungs- EKG durchgeführt, ohne Auffälligkeiten und Einschränkungen
Ärztliche Behandlungen	Der Proband steht zur Zeit unter keiner ärztlichen Behandlung
Einnahme von Medikamenten	Der Proband nimmt dauerhaft keine Medikamente
Sonstige gesundheitliche Einschränkungen	Der Proband hat keine gesundheitlichen Einschränkungen

Der Proband liegt in einem allgemeinen guten gesundheitlichen Zustand. Es liegen keine gesundheitlichen Einschränkungen oder Einnahmen von Medikamenten vor. Somit bestehen keine Bedenken in der Trainierbarkeit der Person.

1.2 Leistungsdiagnostik/ Ausdauertestung

1.2.1 Begründung des ausgewählten Fahrradergometertests

Im Folgenden wird der Proband einen Stufen Ausdauertest durchführen. Das Fahrradergometer bietet sich hierbei sehr gut an, da es im Gegensatz zu anderen Ausdauer-Geräten auf die Person individuell anpassbar ist. Zusätzlich ist die Belastung auf dem Fahrradergometer jederzeit reproduzierbar. Dieser Test dient der Ermittlung der Ausdauerleistungsfähigkeit. Der Vorteil dieses Tests liegt darin, dass eine Ausdauerleistungsfähigkeit beurteilt werden kann, ohne eine vollständige Ausbelastung des Probanden. Dies geschieht in dem Norm-Soll-Leistungsvorgaben mit dem Ist-Zustand verglichen werden. Bei diesem Stufen-Test wird die Entwicklung der Herzfrequenz gemessen und bewertet.

1.2.2 Durchführung des ausgewählten Fahrradergometertests

Bevor der Proband den Test durchführt wird eine Voreinstufung, anhand des Eingangsgesprächs, bezüglich der Belastbarkeit vorgenommen, um ein individuell angepasstes Testprofil auswählen zu können. Die Zielherzfrequenz liegt bei unserem Probanden bei 135 Schlägen pro Minute. Der ermittelte Wert bestimmt hierbei das Ende des relevanten Belastungsbereiches und ist somit ein Abbruchkriterium.

Tabelle 4: Kriterien zur Voreinstufung

Alter	30
Geschlecht	Männlich
Trainingszustand	Wenig Ausdauertraining
Ruhepuls	64 S/min.

Tabelle 5: Voreinstufung nach Ruheherzfrequenz und Lebensalter (modifiziert nach Trunz, 2001; IPN, 2004, S. 4)

RHF/Alter	<20	20-29	30-39	40-49	50-59	60-69	≥ 70
<50 S/min	140	135	130	125	115	110	105
50-59 S/min	145	140	135	125	120	115	110
60-69 S/min	145	145	135	130	125	120	115
70-79 S/min	150	145	140	135	130	125	120
80-89 S/min	155	150	145	140	135	125	125
≥ 90 S/min	160	155	150	145	135	130	125

Tabelle 6: Voreinstufung unter zusäzlicher Berücksichtigung der Trainingshäufigkeit ausdauerrelevanten Aktivitäten (modifiziert nach Trunz, 2001, IPN; 2004, S. 4)

Trainingszustand	Trainingshäufigkeit/ Woche	Stunden/ Woche	Pulsaufschlag
Kein Ausdauertraining	Kein einziges Mal	0 Stunden	Kein Aufschlag
Wenig Ausdauertraining	1-2 Mal	≤ 1 Stunde	Kein Aufschlag
Moderates Ausdauertraining	2-3 Mal	1-2 Stunden	Plus 5 S/min
Viel Ausdauertraining	3-4 Mal	2-4 Stunden	Plus 10 S/min
Sehr viel Ausdauertraining	>4 Mal	>4 Stunden	Plus 15 S/min

Im weiteren Verlauf wird nach dem Hollman-Venrath-Test verfahren. Dies ist ein Test, der in submaximaler Form ausgeführt wird. Da die Person als Anfänger eingestuft wird sollte sie nicht an ihr Limit gebracht werden, sondern nur die Grundlagenausdauer herausgefunden werden. Hiebei beginnt der Proband den Test mit einer Einstiegsbelastung von 30 Watt. Die Wattzahl erhöht sich im weiteren Verlauf um 40 Watt alle 3 Minuten. Zusätzlich wird jede Minute die Herzfrequenz protokolliert Die Trittfrequenz beträgt 70 Umdrehungen/Minute. Der Test ist beendet, sobald die Pulsobergrenze erreicht wird. Nach 12 Minuten und einer Wattzahl von 150 ist die Pulsobergrenze des Probanden erreicht und der Test wird abgebrochen.

Tabelle 7: Durchführung Hollman- Venrath- Test (Eigene Darstellung, 2018)

Zeit	Wattanzahl	HF1	HF2	HF3
Minute 1-3	30	87	88	87
Minute 4-6	70	90	95	97
Minute 7-9	110	100	110	111
Minute 10-12	150	120	127	135

1.2.3 Bewertung des Gesundheits- und Leistungszustandes

Die Körpergewichts bezogene relative Watt-Soll-Leistung liegt bei dem Probanden bei 1,66 Watt/ kg Körpergewicht (Watt : Körpergewicht). Damit ist die Person, wenn man die Werte mit der Norm-Soll-Leistungstabelle vergleicht, als unterdurchschnittlich ausdauerleistungsfähig einzustufen.

Tabelle 8: Ausschnitt aus der Normtabelle für submaximale Radergometertests – Relative Watt-Soll-Leistung (Watt pro kg) bei Männern (modifiziert nach IPN, 2004, S.8)

Faktor/Alter	<30	30-34	35-39	40-44	45-49	50-54	55-59	Ab 60	Bewertung
0,54	1,65	1,57	1,49	1,4	1,32	1,24	1,16	1,07	--
0,55	1,7	1,62	1,53	1,45	1,36	1,28	1,19	1,11	-
0,56	1,75	1,66	1,58	1,49	1,4	1,31	1,23	1,14	-
0,57	**1,8**	**1,71**	**1,62**	**1,53**	**1,44**	**1,35**	**1,26**	**1,17**	-
0,58	**1,85**	**1,76**	**1,67**	**1,57**	**1,48**	**1,39**	**1,3**	**1,2**	-
0,59	1,9	1,81	1,71	1,62	1,52	1,43	1,33	1,24	-
0,6	2	1,9	1,8	1,7	1,6	1,5	1,4	1,3	Ø

1.3 Gesundheits- und Leistungsstatus der Person

Im Hinblick auf die Trainierbarkeit und Belastbarkeit sind bei dem Probanden keine Bedenken zu erkennen. Da er in einem gesundheitlich guten Zustand ist und weder Medikamente zu sich nimmt noch in ärztlicher Behandlung steht, ist er voll belastbar, jedoch ist darauf zu achten, dass er den Eingangstest nur durchschnittlich abgeschlossen hat. Somit sollte man das Ausdauertraining nur mit niedriger Belastung beginnen um ihn nicht in seiner Gesundheit zu gefährden bzw. ihn zu überfordern.

2 Zielsetzung/ Prognose

Um das Training optimal auf die zu trainierende Person anzupassen, ist es wichtig die Ziele so genau wie möglich und messbar zu gestalten. Hierbei beziehen sich die Ziele sowohl auf sportmotorische als auch auch auf biometrische Parameter. Bei den biometrischen Zielen werden vor allem ästhetische Gründe berücksichtigt, während bei den sportmotorischen Zielen die sportmotorische Leistung fokussiert wird. Um die Motive des Probanden in realistische Ziele umzuwandeln, ist es wichtig, dass diese so genau wie möglich formuliert sind. Es wird hierbei auf einige Aspekte geachtet, um mögliche Problematiken zu vermeiden: Aspekt der Konkretisierung, Aspekt der Messbarkeit, Aspekt der Realisierbarkeit und der Aspekt der Priorität.

Tabelle 9: Zieldarstellung (Eigene Darstellung, 2018)

Zielinhalt	Ausmaß	Zeit
Steigerung der Ausdauerleistung	Die Zielherzfrequenz von 135 S/min soll bei dem Hollman-Venrath-Test erst bei einer Wattzahl von 190 erreicht werden.	24 Wochen
Prozentualen Körperfettanteil senken	Von 30% auf 26%	18 Wochen
Blutdrucksenkung	Von 124 mmHg in der systolischen Phasen und 75 mmHg in der diastolischen Phase auf 120 mmHg in der systolischen Phase und 75 mmHg in der diastolischen Phase senken.	18 Wochen

Als erstes Motiv nannte er die Steigerung der Ausdauerleistungsfähigkeit. Dazu wird ein Vergleich des Hollmann-Venrath-Test genutzt, den der Proband am Anfang vollzogen hat und nach 24 Wochen erneut absolvieren wird. Auf lange Zeit hat dieses Ziel die geringste Priorität für den Probanden.

Das zweite Motiv des Probanden war das sportlichere Aussehen. Die Verringerung des prozentualen Körperfettanteil war für ihn in dieser Hinsicht das wichtigste. Anhand einer Bioimpedanzanalyse wurde der Körperfettanteil von 30% gemessen. Dieser soll in den nächsten 18 Wochen auf 26% gesenkt werden.

Auf die Frage welches der Trainingsmotive die höchste Priorität hat, nannte der Proband die Senkung des Blutdrucks. Dieser soll in den optimalen Bereich gesenkt werden, dazu muss sich der systolische Druck von 124 mmHg auf 120 mmHg verringern. Auch für dieses Ziel wurde der Zeitraum von 18 Wochen festgelegt.

Da keine negativen gesundheitlichen Voraussetzungen vorhanden sind bestehen keine Bedenken hinsichtlich der Realisierbarkeit bezogen auf die Kriterien des Inhalts, des Ausmaßes und der Zeit.

3 Trainingsplanung Mesozyklus

3.1 Grobplanung Mesozyklus

Tabelle 10: Grobplanung Mesozyklus (Eigene Darstellung, 2018)

Zyklusdauer	6 Wochen
Trainingszielsetzung	Entwicklung Grundlagenausdauer 1
Trainingsumfang pro Woche	120 - 210 Minuten
Trainingsmethode	Extensive Dauermethode
Trainingsintensität	60-70% HFmax
Trainingshäufigkeit pro Woche	2-3-mal
Trainingsdauer pro TE	45-90 min
Trainingsgeräte	Crosstrainer, Laufband, Fahrrad

3.2 Detailplanung Mesozyklus

Tabelle 11: Detailplanung Mesozyklus - Woche 1 (Eigene Darstellung, 2018)

Woche 1	Montag	Mittwoch
Trainingsziel	GA 1	GA 1
Trainingsmethode	Extensive Dauermethode	Extensive Dauermethode
Trainingsintensität	60% Pulsuntergrenze 65% Pulsobergrenze	60% Pulsuntergrenze 65% Pulsobergrenze
Trainingsherzfrequenzen	102 S/min (Pulsuntergrenze) 111 S/min (Pulsobergrenze)	114 S/min (Pulsuntergrenze) 124 S/min (Pulsobergrenze)
Trainingsdauer	60 Minuten	60 Minuten
Trainingsgerät	Fahrrad	Walken

Tabelle 12: Detailplanung Mesozyklus - Woche 2 (Eigene Darstellung, 2018)

Woche 2	Montag	Mittwoch	Freitag
Trainingsziel	GA 1	GA 1	GA 1
Trainingsmethode	Extensive Dauermethode	Extensive Dauermethode	Extensive Dauermethode
Trainingsintensität	60% Pulsuntergrenze 65% Pulsobergrenze	60% Pulsuntergrenze 65% Pulsobergrenze	60% Pulsuntergrenze 65% Pulsobergrenze
Trainingsherzfrequenzen	114 S/min (Pulsuntergrenze) 124 S/min (Pulsobergrenze)	102 S/min (Pulsuntergrenze) 111 S/min (Pulsobergrenze)	114 S/min (Pulsuntergrenze) 124 S/min (Pulsobergrenze)
Trainingsdauer	60 Minuten	60 Minuten	60 Minuten
Trainingsgerät	Walken	Fahrrad	Crosstrainer

Tabelle 13: Detailplanung Mesozyklus - Woche 3 (Eigene Darstellung, 2018)

Woche 3	Montag	Mittwoch	Freitag
Trainingsziel	GA1	GA1	GA1
Trainingsmethode	Extensive Dauerme-thode	Extensive Dauerme-thode	Extensive Dauerme-thode
Trainingsintensität	60% Pulsuntergrenze 65% Pulsobergrenze	60% Pulsuntergrenze 65% Pulsobergrenze	60% Pulsuntergrenze 65% Pulsobergrenze
Trainingsherzfrequen-zen	114 S/min (Pulsunter-grenze) 124 S/min (Pulsober-grenze)	102 S/min (Pulsunter-grenze) 111 S/min (Pulsober-grenze)	114 S/min (Pulsunter-grenze) 124 S/min (Pulsober-grenze)
Trainingsdauer	60 Minuten	90 Minuten	60 Minuten
Trainingsgerät	Walken	Fahrrad	Crosstrainer

Tabelle 14: Detailplanung Mesozyklus - Woche 4 (eigene Darstellung, 2018)

Woche 4	Montag	Mittwoch	Freitag
Trainingsziel	GA1	GA1	GA1
Trainingsmethode	Extensive Dauerme-thode	Extensive Dauerme-thode	Extensive Dauerme-thode
Trainingsintensität	60% Pulsuntergrenze 65% Pulsobergrenze	60% Pulsuntergrenze 65% Pulsobergrenze	60% Pulsuntergrenze 65% Pulsobergrenze
Trainingsherzfrequen-zen	114 S/min (Pulsunter-grenze) 124 S/min (Pulsober-grenze)	114 S/min (Pulsunter-grenze) 124 S/min (Pulsober-grenze)	102 S/min (Pulsunter-grenze) 111 S/min (Pulsober-grenze)
Trainingsdauer	50 Minuten	60 Minuten	90 Minuten
Trainingsgerät	Laufband/ Laufen-out-door	Crosstrainer	Fahrrad

Tabelle 15: Detailplanung Mesozyklus - Woche 5 (Eigene Darstellung, 2018)

Woche 5	Montag	Mittwoch	Freitag
Trainingsziel	GA 1	GA 1	GA 1
Trainingsmethode	Extensive Dauerme-thode	Extensive Dauerme-thode	Extensive Dauerme-thode
Trainingsintensität	60% Pulsuntergrenze 65% Pulsobergrenze	60% Pulsuntergrenze 65% Pulsobergrenze	60% Pulsuntergrenze 65% Pulsobergrenze
Trainingsherzfrequen-zen	114 S/min (Pulsunter-grenze) 124 S/min (Pulsober-grenze)	114 S/min (Pulsunter-grenze) 124 S/min (Pulsober-grenze)	102 S/min (Pulsunter-grenze) 111 S/min (Pulsober-grenze)
Trainingsdauer	60 Minuten	60 Minuten	90 Minuten
Trainingsgerät	Laufband/ Outdoor	Crosstrainer	Fahrrad

Tabelle 16: Detailplanung Mesozyklus - Woche 6 (Eigene Darstellung, 2018)

Woche 6	Montag	Mittwoch	Freitag
Trainingsziel	GA 1	GA 1	GA 1
Trainingsmethode	Extensive Dauerme-thode	Extensive Dauerme-thode	Extensive Dauerme-thode
Trainingsintensität	60% Pulsuntergrenze 65% Pulsobergrenze	60% Pulsuntergrenze 65% Pulsobergrenze	65% Pulsuntergrenze 70% Pulsobergrenze
Trainingsherzfrequen-zen	114 S/min (Pulsunter-grenze) 124 S/min (Pulsober-grenze)	114 S/min (Pulsunter-grenze) 124 S/min (Pulsober-grenze)	111 S/min (Pulsunter-grenze) 119 S/min (Pulsober-grenze)
Trainingsdauer	60 Minuten	60 Minuten	60 Minuten
Trainingsgerät	Laufband/ Outdoor	Crosstrainer	Fahrrad

3.3 Begründung zum Mesozyklus

Um das Training so individuell wie möglich zu gestalten, wird bei der Erstellung des Mesozyklus nach dem Prinzip des Alters und der Individualität gehandelt. Dies hat zur Folge, dass der Plan auf Basis des Eingangsgesprächs, des Eingangstests und verschiedener Formeln zur Herausfindung der Trainingsherzfrequenz erstellt wird.

Da der Proband für einen längeren Zeitraum keinen Sport mehr gemacht hat ist es wichtig ihn wieder an anstrengende Aktivitäten heranzuführen. Deshalb werden als Einstiegsgeräte das Fahrrad und Walken gewählt. Ein weiterer Vorteil ist, dass er dafür nicht extra in ein Fitnessstudio fahren muss, sondern es einfach draußen machen kann, was für ihn spricht, da er während der gesamten Arbeitszeit in dem Büro sitzt und seine freie Zeit gerne nutzt um draußen zu sein.

Da der Proband als ein gesundheitsorientierter Trainingsanfänger eingestuft wurde bewegt er sich während des gesamten Mesozyklus in dem Bereich des Grundlagenausdauertrainings, welches dem Aufbau der Grundlagenausdauer 1 dient. Fokussiert wird hierbei der Fettstoffwechsel, welcher aktiviert und verbessert wird. Zudem wird er gemäß dem Prinzip der Dauerhaftigkeit und Kontinuität mindestens zwei mal in der Woche trainieren um positive Effekte auf die Gesundheit und Leistung zu projizieren. Es muss trotzdem darauf geachtet werden, dass eine gute Pausengestaltung zwischen den Trainingseinheiten vorliegt um dem Klienten eine möglichst gute Regeneration zu ermöglichen.

Die bevorzugte Traningsmethode der Grundlagenausdauer ist die extensive Dauermethode (Neumann et al., 2007; Hottenrott, 2006). Diese ist erkennbar durch einen hohen Belastungsumfang und eine geringe Trainingsintensität. Außerdem ist die Dauermethode durch eine ununterbrochene Belastung ohne Pausen gekennzeichnet.

Die Trainingsintensität berechnet sich aus einer Formel nach des American Collage of Sports Medicine, kurz ACSM. Diese lautet:

Trainingsherzfrequenz = HFmax x Intensität in %

Die maximale Herzfrequenz wird für die verschiedenen Ausdauer-Geräte aus verschieden Faustformeln berechnet (ACSM, 1998b, S. 975; Kindermann, 1987a, S. 244-268; Rost & Apell, 2001, S. 405; Schwarz, Schwarz, Urhausen & Kindermann, 2002, S. 293).

Laufen: ca. 220 – Lebensalter (±10–12 S/min)

Walken: ca 220 – Lebensalter (bei Untrainierten)

Fahrrad: 200 – Lebensalter (± 10-12 S/min)

Um einen trainingswirksamen Reiz bei Untrainierten zu erzielen, wird eine Belsatungsintensität von 60-65% HFmax als unterste Grenze angesehen (ACSM, 1998b, S.975; Pollock, Gaesser & Butcher, 1989, S.975). Da es nicht möglich ist eine Pulsfrequenz durchgängig gleich zu halten wird ihm eine Spanne von 60-65% vorgegeben. Errechnet aus der oben genannten Formel ergibt dies für die Trainingsgeräte folgende Trainingsfrequenzen:

Walken: 114 S/min (Pulsuntergrenze) - 124 S/min (Pulsobergrenze)

Laufen:114 S/min (Pulsuntergrenze) -124 S/min (Pulsobergrenze)

Fahrrad: 102 S/min (Pulsuntergrenze) - 111 S/min (Pulsobergrenze)

Da es für den Crosstrainer keine Vorgaben des ACSM gibt wird die Trainingsherzfrequenz mit der des Walken gleichgesetzt da sich die Bewegungsabläufe stark ähnlich sind.

Um den Probanden an das Training heranzuführen trainiert dieser in der ersten Woche nur zwei mal. Dies ändert sich allerdings im Sinne der progressiven Belastungssteigerung ab Woche zwei auf drei mal Training pro Woche. Dieses Prinzip gestaltet einen großen Teil des Mesozyklus, denn um immer wieder neue Reize setzen zu können wird auch der Trainingsumfang geändert. Wie in Woche drei erkennbar, in der der Klient 90 Minuten Fahrrad, statt wie in Woche 2 nur 60 Minuten, fährt oder in Woche fünf in der 10 Minuten länger gelaufen wird als in der Woche zuvor. Als letztes sieht das Prinzip der progressiven Belastungssteigerung vor die Intensität zu erhöhen. Dies geschieht nur in der letzten Trainingswoche. Da die Intensität gesteigert wird, wird im Gegensatz dazu der Umfang wieder von 90 auf 60 Minuten reduziert.

Um weitere neue Reize setzen zu können werden zwischen den Mesozyklen die Geräte gewechselt. Dies geschieht in Woche zwei, in der ein neues Gerät hinzugefügt wird und in der vierten Woche, in der das Walken zum Laufen wird.

4 Literaturrecherche

Tabelle 17: Literaturrecherche (Eigene Darstellung, 2018)

Fragestellung	Die vorliegende Arbeit untersucht die Auswirkungen eines zwölfwöchigen Trainingsprogramms auf den körperlichen Zustand, die kardiovaskuläre Funktion und das Wohlbefinden, sowie die Eignung von verschiedenen Methoden zur Festlegung der Intensität und Trainingssteuerung eines Trainingsprogrammes bei älteren Patienten mit einer isolierten systolischen Hypertonie. Darüber hinaus wird das Auftreten hypertensiver Episoden bei Patienten mit oder ohne Blutdruckspitzen während der körperlichen Aktivität überprüft. (Meißner, 2011, S.14)	„Es existieren jedoch Unklarheiten hinsichtlich Trainingsformen ... im Hinblick auf das Ziel eines möglichst günstigen Effekts auf den arteriellen Blutdruck. ... In der vorliegenden Studie wird versucht, dieses Forschungsdefizit zu reduzieren." (Bickenbach, 2011,S. 20f.)
Wer hat die Studie durchgeführt?	Romy Meißner	Anna Lena Bickenbach
In welchem Jahr wurde die Studie publiziert?	„Die Studie fand in einem Zeitraum von März bis Oktober 2005 an der Medizinischen Klinik III, Bereich Sportmedizin der Charité Campus Benjamin Franklin statt." (Meißner, 2011, S.17)	2011
Mit welchen Versuchspersonen wurde die Studie durchgeführt?	„Als Teilnehmer wurden Patienten der Hochschulambulanz/ Bluthochdrucksprech-	„In die Studie wurden 55 Probanden eingeschlossen, darunter 13 Frauen und 42 Män-

	stunde der Charité rekrutiert." (Meißner, 2011, S. 17)	ner. ... Das Einschlusskriterium war die Indikation einer arteriellen Hypertonie Grad I" (Bickenbach, 2011, S. 22)
Wie sah der Versuchsaufbau aus?	„Ausgewertet wurden die Daten von 51 Teilnehmern (27 Kontrollgruppe, davon 11 Männer und 16 Frauen; 24 Trainingsgruppe mit 13 Männern und 11 Frauen)." (S.18) „Vor Aufnahme des Trainingsprogrammes beziehungsweise Beginn der Studie erfolgte bei allen Teilnehmern eine Eingangsuntersuchung. Diese beinhaltete eine Untersuchung der kardiorespiratorischen Funktion mittels Ruhe- und Belastungs-EKG, eine Laufband-Spiroergometrie, eine 24-Stunden-Langzeitblutdruckmessung und eine Echokardiografie des Herzens." (Meißner, 2011, S.19) „Die Randomisierung erfolgte unmittelbar nach Abschluss der Eingangsuntersuchung mittels einer am Computer erstellten Zufallsliste. Dabei wurden die Teilnehmer entweder der Trainings- oder der Kontrollgruppe zugewiesen." (Meißner, 2011, S.20) Das 12-wöchige Ausdauertraining wurde dreimal pro Woche durchgeführt und ergab somit 36 Trainingstage. Das Trainingsprogramm wurde nach einem Intervall-Schema durchgeführt. Dabei wurden die Belastungszeit beziehungsweise der Belastungsumfang systematisch gesteigert. In den ersten fünf Einheiten erfolgten Trainingsintervalle von 5 mal 3 Minuten, in den zweiten von 4 mal 5 Minuten, in den dritten von 3 mal 8 Minuten, in den vierten von 3 mal 10 Minuten, in den fünften von 2 mal 15 Minuten und in den letzten fünf Trainingseinheiten fand eine durchgehende Belastung von 30 bis 40 Minuten statt. (Meißner, 2011, S. 21)	Nach der Eingangsuntersuchung wurde jeder Patient randomisiert in eine der vier folgenden Trainingsgruppen eingeteilt: 1) Ausdauertrainingsgruppe (ATG) 2) Krafttrainingsgruppe (KTG) 3) Ausdauer- und Krafttrainingsgruppe (AKTG) 4) Kontrollgruppe (KG) ...Während der Untersuchungsphase wurden die Teilnehmer aufgefordert, ihre Ess-, Rauch- und Trinkgewohnheiten so konstant wie möglich weiter zu führen. Mit Ausnahme der Kontrollgruppe, die innerhalb der zwölf Trainingswochen keinen systematischen Sport machen durften, absolvierten die Probanden der übrigen drei Gruppen ein der Gruppeneinteilung entsprechendes Trainingsprogramm...Im Verlauf der zwölf Wochen erfolgte in allen Gruppen eine progressive Steigerung der Intensität und Dauer des Trainingsprogramms. Die anfängliche Intensität von 50% wurde alle zwei Wochen um 5% gesteigert, bis am Ende eine Intensität von 75% erreicht wurde. ... Zur Festlegung der Intensität des Ausdauertrainings wurde die zuvor erläuterte HF-Belastungsformel herangezogen. (Bickenbach, 2011, S.23)
Welche relevanten Ergebnisse und Schlussfolgerungen liefert die Studie?	„Außerdem konnte ein positiver Zusammenhang zwischen dem Borg-Wert und dem systolischen Blutdruck (r^2:	„Es konnte im Rahmen einer 12-wöchigen Interventionsmaßnahme gezeigt werden, dass nicht nur, wie klassi-

	0.2856) ... nachgewiesen werden." (Meißner, 2011, S.43)	scherweise angenommen, das reine Ausdauertraining das Potential einer blutdrucksenkenden Wirkung besitzt. Der Blutdruck reduzierte sich in der Ausdauergruppe um 3,30 mmHg (2,35%)." (Bickenbach, 2011, S.85)

5   Literaturverzeichnis

American Collage of Sports Medicine.(1998b). *The recommended quantity and quality of exercise for developing and maintaining cardiorespiratory and muscular fitness, and flexibility in healthy adults. Medicine and science in sports and exercise, 30*(6), 975-991.

Bickenbach, A. L.(2011). *Auswirkungen von Ausdauer-vs. Krafttraining vs. der Kombination Ausdauer-/Krafttraining auf die systemische Hämodynamik, Gefäßelastizität sowie Herzfrequenzvariabilität bei Patienten mit arterieller Hypertonie.* Dissertation, Institut für Kreislaufforschung und Sportmedizin, Deutsche Sporthochschule Köln, Köln.

Hottenrott, K.(2006). *Trainingskontrolle mit Herzfrequenz-Messgeräten* (1. Aufl.). Aachen: Meyer & Meyer.

Kindermann, W.(1897a). Ergometrie-Empfehlungen für die ärztliche Praxis. *Deutsche Zeitschrift für Sportmedizin, 38(6),* 244-268.

Meißner, M.(2011). *Effekte eines 12-wöchigen Ausdauertrainings auf die körperliche Leistungsfähigkeit und den psychischen Zustand von Patienten mit isolierter systolischer Hypertonie.* Disseration: Aus der Medizinischen Klinik mit Schwerpunkt Hämatologie und Onkologie der Medizinischen Fakultät Charité – Universitätsmedizin Berlin, Berlin.

Neumann, G., Pfützner, A. & Berbalk, A.(2007). *Optimiertes Ausdauertraining* (5., überarb. Aufl.). Aachen: Meyer & Meyer.

Pollock, M. L., Gaesser, G. A. & Butcher, J. D.(1989). *The recommended quantity and quality of exercise for developing and maintaining cardiorespiratory and muscular fitness, and flexibility in healthy adults. Medicine and science in sports and exercise, 30*(6), 975-991.

Trunz, E.(2001). *IPN-Test®- Ausdauertest für den Fitness-und Gesundheitssport. Köln, Institut für Prävention und Nachsorge.* Köln

Weineck, J.(2003). *Ausdauertraining. Trainingssteuerung über die Herzfrequenz- und Milchsäurebestimmung.* Balingen: Spitta

6 Abbildungs- und Tabellenverzeichnis

6.1 Tabellenverzeichnis